글 카롤린 펠리시에, 비르지니 알라지디

두 사람은 수년 전부터 함께 어린이 책을 만들고 있어요. 항상 어린이 독자를 위해 어떤 책을 펴낼지 구상하고 있지요. 지금까지 자연과 동물들, 그림과 시, 까만 밤, 하얀 눈에 관한 다양한 책을 함께 펴냈어요. 대표작으로는 《숲》, 《고요한 밤》, 《콩닥이는 가슴》, 《로라는 어디로 숨었을까》, 《우리가 함께 보낸 계절들》 등이 있답니다.
두 사람의 작품은 http://virginiealadjidi.blogspot.fr/에서 만날 수 있어요.

그림 엘리자 제앵

프랑스와 스위스 국경 사이, 소나무가 울창한 보주 산맥에서 태어났어요. 미술과 장식 예술을 배운 후, 지금은 그림을 그리는 작가가 되었답니다. 미술 교실에서 꼬마 예술가들과 만나는 것도 그녀에게는 중요한 일이지요. 대표작으로는 《도둑이야!》, 《꼬마 요리사를 위한 친절한 가이드북》, 《뤼농은 말썽꾸러기》, 《숲에서 숨바꼭질을 해요》, 《지렁이는 땅콩을 먹어요》 등이 있어요.

옮김 배유선

어린이 책을 사랑하는 번역가예요. 프랑스어와 번역을 공부한 뒤 《오늘도 궁금한 것이 많은 너에게》, 《너무 재밌어서 잠 못 드는 수학》, 《유치원에 간 악어》 등 여러 나라의 멋진 책을 우리말로 옮기고 있어요. 연둣빛 새순과 비 오는 날의 흙냄새를 좋아한답니다.

생명을 살리고 환경을 지키는
꼬마 농부의 사계절 텃밭 책

초판 1쇄 발행 2019년 4월 5일
초판 7쇄 발행 2024년 5월 15일
글 카롤린 펠리시에, 비르지니 알라지디 | **그림** 엘리자 제앵 | **옮김** 배유선
발행 이마주 | **주소** 경기도 고양시 덕양구 청초로 65, 101-2702
등록 2014년 5월 12일 제396-2510020140000073호
내용 및 구입 문의 02-6956-0931
블로그 http://blog.naver.com/imazu7850 | **이메일** imazu7850@naver.com
제조국명 대한민국 | **사용연령** 5세 이상 | **주의사항** 날카로운 책장이나 모서리에 주의하세요
ISBN 979-11-89044-06-0 73480

LE GRAND LIVRE DE JARDINAGE DES ENFANTS
written by Caroline pellissier and Virginie Aladjidi, Illustrated by Elisa Géhin
©Editions Thierry magnier, France, 2015
All Rights Reserved
Korean translation © 2019 by IMAZU
Korean translation rights arranged with Editions Thierry Magnier through Orange Agency.

이 책은 오렌지에이전시를 통한 저작권자와의 독점계약으로 이마주에서 출간되었습니다.
저작권법에 의해 한국 내에서 보호를 받는 저작물이므로 무단전재와 복제를 금합니다.
잘못된 책은 구입하신 곳에서 바꾸어 드립니다.

생명을 살리고 환경을 지키는
꼬마 농부의 사계절 텃밭 책

글 카롤린 펠리시에 · 비르지니 알라지디 | 그림 엘리자 제앵 | 옮김 배유선

이마주

봄

10-11 양상추를 심어요

12-13 20일이면 자라는 래디시

14-15 여러 가지 호박을 심어요

16-17 여러 가지 허브를 키워요

18-19 꽃은 어떤 일을 하나요?

20-21 꽃도 먹을 수 있을까요?

22-23 토마토를 심어요

24-25 당근을 심어요

26-27 파 모종을 심어요

28-29 감자 북주기에 도전해요

30-31 꽃을 감상해요

32-33 텃밭 친구들을 소개해요

여름

36-37 해바라기 씨를 받아요

38-39 라벤더 향주머니를 만들어요

40-41 딸기를 심어요

42-43 방울양배추를 아나요?

44-45 강낭콩을 심어요

46-47 여름 꽃다발을 만들어요

48-49 한밤중 텃밭을 관찰해요

50-51 꺾꽂이에 도전해요

52-53 텃밭 훼방꾼을 물리쳐요

가을

56-57 튤립을 심어 볼까요?

58-59 수국을 꺾꽂이해요

60-61 가을 낙엽을 모아요

62-63 수확물을 저장해요

64-65 호박을 보관해요

66-67 감자를 수확해요

68-69 건강한 퇴비를 만들어요

70-71 사과를 더 맛있게 먹어요

겨울

74-75 겨울 쉼터를 만들어요

76-77 밤나무 싹을 틔워요

78-79 겨울은 대청소의 계절

80-81 추운 겨울, 새들을 도와요

82-83 아보카도 씨앗을 심어요

84-85 새싹 채소를 길러요

86-87 크리스마스 장식을 만들어요

88-89 화분에서 파 모종을 길러요

부록

90-91 나만의 텃밭을 그려요

92-93 텃밭 도구들

봄

양상추를 심어요

텃밭 한쪽에
양상추 / 마타리 상추 / 루꼴라 / 적상추 / 꽃상추

양상추를 심기 전에 먼저 텃밭에 고랑과 이랑을 만들어야 해요.
텃밭의 양끝을 줄로 이어 팽팽하게 당긴 후 그 줄을 따라 땅을 파면 돼요.
땅이 파진 부분이 물이 빠지는 고랑이고,
불룩 솟은 부분이 씨앗을 심을 수 있는 이랑이랍니다.

이제 이랑에 1cm 간격으로 양상추 씨앗을 뿌려요.
그리고 씨앗 위로 부식토를 살짝 덮어 주세요.
씨앗은 너무 깊이 심으면 안 돼요. 씨앗이 숨을 쉬어야 하거든요.
톡톡 몇 번 두드려 주고, 물뿌리개로 흙을 적셔 주세요.
물은 날마다 줘야 해요.

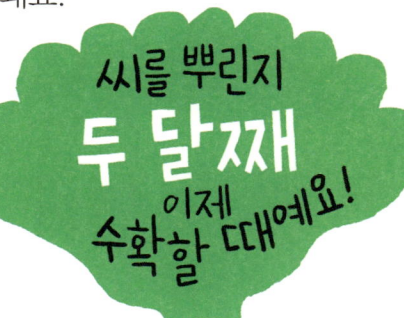

씨를 뿌린지 **두 달째** 이제 수확할 때예요!

샐러드 재료를 심어 두고

일주일 뒤, 흙 속에서 고개를 내민 새싹이 보일 거예요.
이제 양상추에 햇볕을 충분히 쬐어 줄 차례예요.
그런데 돋아난 새싹이 너무 많지 않나요?
그렇다면 새싹을 적당히 솎아 내서 양상추의 간격이 30cm 정도
되게 해 주세요. 양상추가 무럭무럭 자랄 공간이 필요하니까요.
뽑아낸 새싹으로 비빔밥을 해서 먹어도 좋고, 다시 심어도 돼요.
다시 심을 때는 잎에 흙이 묻지 않게 뿌리만 덮어 주세요.

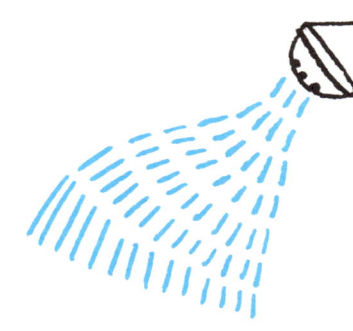

양상추는 씨앗 대신 이미 싹이 돋아난 모종을 사서 심을 수도 있어요.
그럴 땐 30cm 간격으로 양상추를 심으면 되지요.

어린잎이 자라면 그때그때 따 먹어요

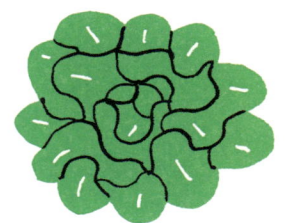

동글동글 래디시 얼굴이

길쭉길쭉 길어지지 않도록

자주자주 물을 주세요!

20일이면 자라는 래디시

빨갛고 동그란 무, 래디시는 무척 빨리 자라요.
씨를 뿌리고 20일 정도만 돼도 다 자라서 '20일 무'라고도 부르지요.
물론 한 달을 기다려 무가 2~3cm 정도 자랐을 때 수확하면 더 좋아요.
래디시와 무, 당근은 뿌리를 먹는 대표적인 채소예요.
호박, 토마토는 열매를 먹는 채소고요. 민트처럼 잎을 먹는 채소도 있어요.
감자는 뿌리가 아닌 덩이줄기를 먹는 채소랍니다.

이제 래디시를 키울 텃밭에 호미로 밭을 만들 거예요.
이랑과 이랑 사이는 30cm씩 떨어뜨려 주세요. 30cm는 한 걸음을
내딛는 걸음나비 정도예요. 높이 10~15cm의 이랑이 만들어지면
흙을 1.5cm 정도 파서 그 속에 분홍빛의 래디시 씨앗을 뿌려 주세요.
너무 촘촘하지 않게 간격을 맞춰서 뿌린 후 씨앗 위에 흙을 덮어
톡톡 두드려 주세요. 비가 오지 않는다면 3일에 한 번씩 물을 주어야 해요.

4일째가 되면 새싹이 돋아날 거예요.
싹이 2~3장 정도 나면, 4cm 정도 간격이 되게 싹을 솎아 내요.
그래야 래디시가 크게 자랄 수 있어요.

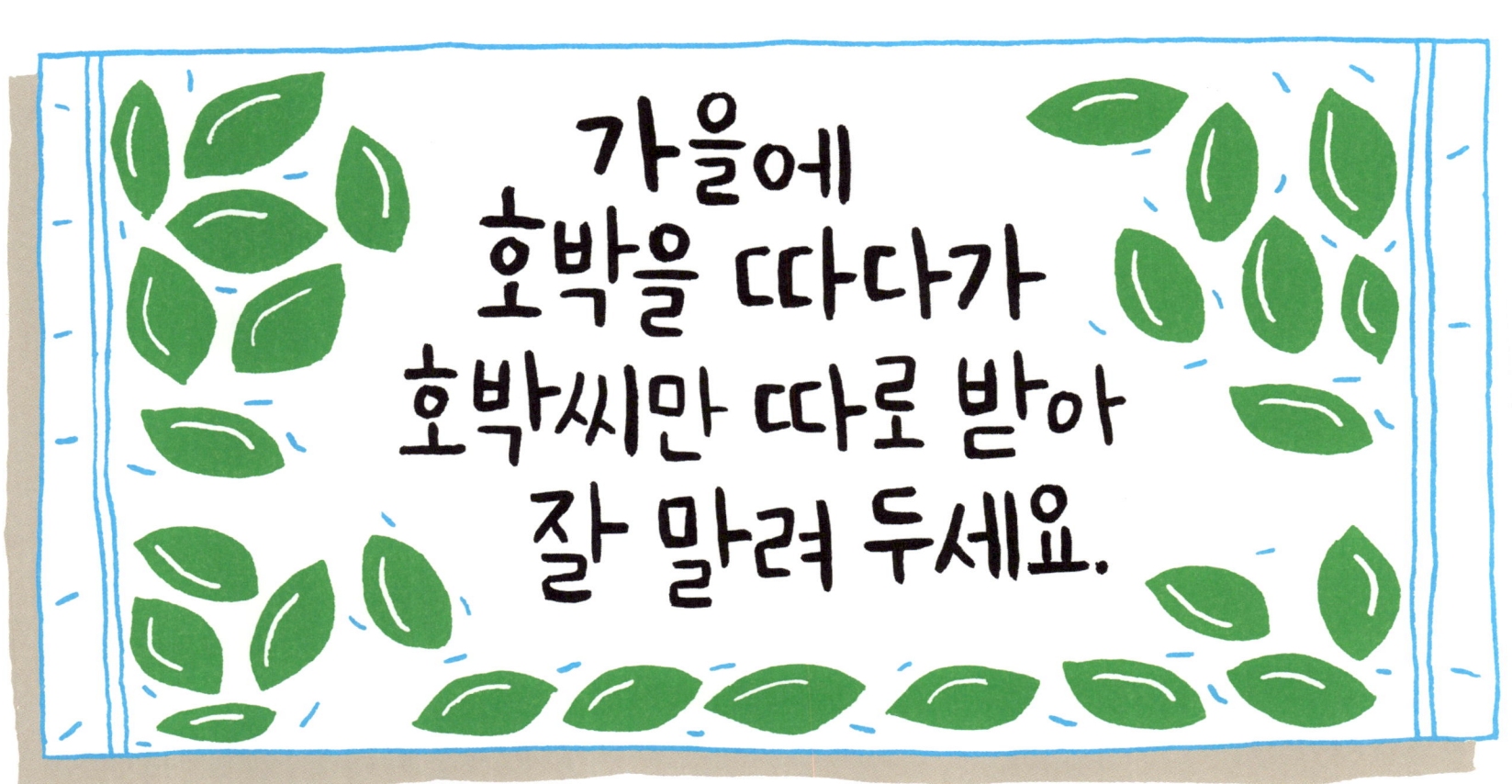

가을에 호박을 따다가 호박씨만 따로 받아 잘 말려 두세요.

봄이 오면 잘 말린 호박씨를 하룻밤 물에 담가 두었다가 땅에 심어요!

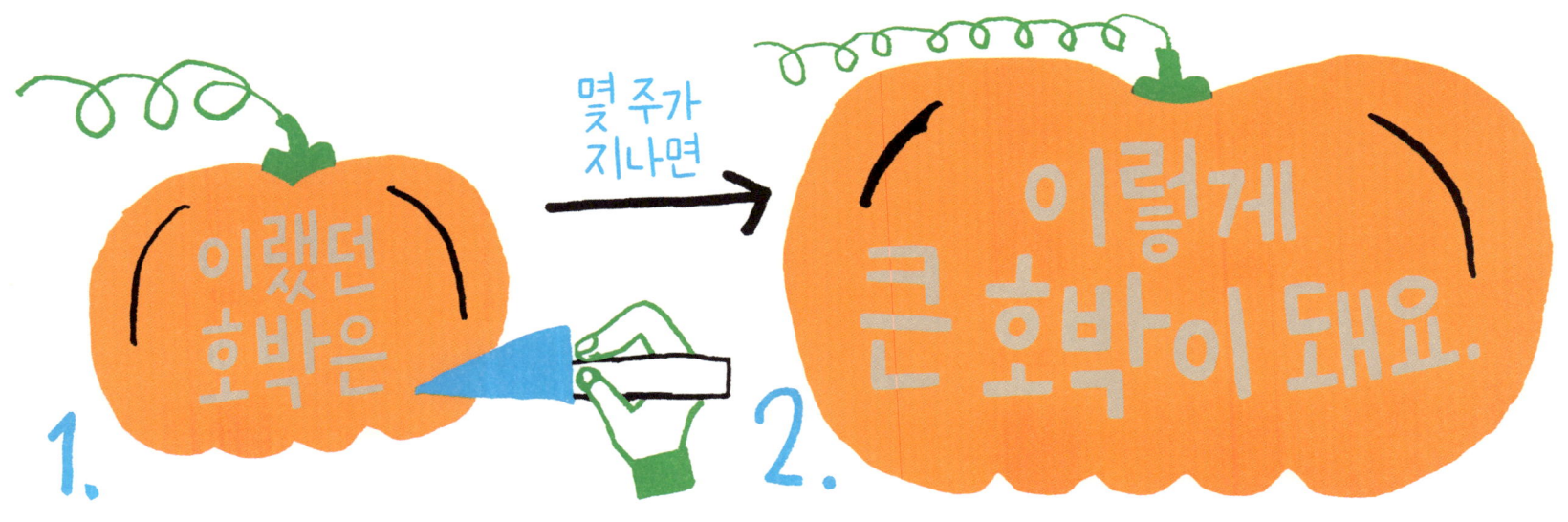

1. 이랬던 호박은 몇 주가 지나면 → 2. 이렇게 큰 호박이 돼요.

봄

여러 가지 호박을 심어요

호박과 같은 덩굴식물을 알아봐요!

호박 / 멜론 / 오이 / 애호박 / 여주리병박 / 수박

호박은 햇볕이 잘 들고 보드라운 흙에 심는 것이 좋아요.
텃밭에 손가락으로 구멍을 만들어요. 구멍에 호박씨 서너 알을
함께 넣고 흙을 덮어 주세요. 주변 2m 안에는 아무것도 심지
말아요. 싹이 돋아나면 그중 가장 건강한 모종 하나만 남기세요.
호박에 꼬박꼬박 물을 주고 괭이나 쟁기로 주변의 흙을 부드럽게 골라요.
흙 표면이 평평해야 물도 쑥쑥 흡수되니까요.
그리고 일주일에 한 번 정도는 퇴비를 뿌려 줘야 해요.

얼마 지나지 않아 구불구불 호박 덩굴이 뻗어 나갈 거예요.
덩굴이 무성해지면 때때로 가지치기가 필요해요.
전지가위로 수시로 잘라 주세요. 그럼 다른 줄기가 더 튼튼해져요.
노란 꽃이 피고, 그 꽃이 진 자리에 호박 열매가 맺히게 돼요.
그리고 호박은 점점 더 굵어질 거예요. (64~65쪽 참고)
참! 호박이 열리면 밑동을 받쳐 주는 것도 잊지 마세요.
(짚으로 만든 따리를 리거나 소나무 수피를 깔아 주세요.)
그래야 호박이 항상 깨끗하고 싱싱하게 자랄 수 있답니다.

호박류의 씨앗은 심지 않고 퇴비 위에 올려 두면
그대로 자라나기도 해요.

5월에 씨를 뿌리면,

10월에 수확하지요

봄

여러 가지 허브를 키워요

허브는 어느 정도 자란 모종을 키우는 게 좋아요.
씨앗을 뿌려서 키우는 것보다 더 비싸지도 않고요.

먼저 지름 15cm가 넘는 화분을 준비하세요.
화분 바닥에는 조약돌을 깔아 물이 잘 빠지게 해 주세요.
그리고 부식토를 넣은 뒤, 구멍을 하나 뚫어 그 자리에
허브 모종을 심어요. 만약 허브 화분을 베란다에 두었다면 습기를 조심해야 해요.
또 겨울에 기온이 영하 5°C 아래로 떨어지면 화분이 얼지 않게 잘 감싸 줘야 해요.

물을 자주 줘야 하는 허브는 여러 가지를 한데 모아 같은 화분에 심어도 돼요.
컬리 파슬리, 이탈리안 파슬리, 차이브, 타라곤, 고수, 바질, 처빌은 함께
심어도 좋아요. 다른 화분에는 마른 흙에서 잘 자라는 여러 가지 허브를
심어 보세요. 타임, 로즈메리, 세이지, 세이보리도 함께 심으면 돼요.
특히 세이보리는 진딧물과 모기를 쫓아내는 역할을 한답니다.

함께 자라도 되는
허브를 모아 심어요

맛있구냐옴

◉ 고양이는 개박하(캣닢, 캣민트)도 좋아해요

◉ 보리나 귀리 싹은 고양이가 헤어볼을 뱉어 내도록 도와줘요

꽃은 어떤 일을 하나요?

꽃은 번식을 위해 꼭 필요한 생식 기관을 꽃잎으로 보호하는 중요한 일을 해요.
꽃 속에 자리한 암술은 여성 생식 기관이고 수술은 남성 생식 기관이에요.
꽃 말고도 식물에 있는 잎은 태양의 빛을 흡수해서 식물에게 필요한
에너지인 당을 생성해요. 이때 식물은 대기 중에 산소를 내뱉게 돼요.
이를 광합성이라고 한답니다.
만약 깜깜한 지하실에 식물을 둔다면 죽고 말 거예요.

활짝 핀 꽃으로 예쁜 화환을 만들어 보세요

우선 데이지 꽃을 한 아름 따세요. 꽃줄기는 3cm 정도 남겨 두고 자르세요.
바늘이나 뾰족한 도구로 모든 꽃줄기 끝부분에 바늘귀만큼
작은 구멍을 하나씩 뚫어요.
그 구멍에 다른 데이지 꽃줄기를 통과시키기만 하면 돼요.
통과시킨 줄기에는 또 다른 줄기를 통과시켜요. 이것을 반복해 보세요.
그러면 예쁜 화환이나 반지, 팔찌를 만들 수 있을 거예요.

한련

달콤한 이파리

알싸하게 매콤한 꽃잎과

금잔화 꽃잎

꽃잎은 말려서 차로 마시고 샐러드로도 먹어요

장미꽃잎

잼도 만들고

디저트로도 만들어요!

꽃잎에는 바다 향이 그득하지요

보리지

차로 우려 마시고 샐러드에 넣어 먹고 익혀서도 먹는 이파리

달콤한 꿀맛

달여 마시거나 디저트로!

프리뮬러

데이지

단맛이 나는 꽃잎에 입맛이 돌아요

뿌리 빼고는 다 먹어요

꽃도 먹을 수 있을까요?

호박꽃으로 튀김을 만들어요

준비물 (12송이 기준)

- 호박꽃 12송이
- 달걀 1개
- 밀가루 125g
- 올리브유 적당량
- 우유 150ml
- 소금, 후춧가루 약간

호박꽃 준비하기

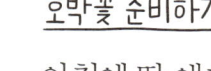

아침에 딴 애호박꽃 12송이를 준비해요. 기다란 대 위에 핀 수꽃만 따고, 어린 호박이 달린 암꽃은 따면 안 돼요. 호박꽃을 물로 한 번 씻어 낸 후, 암술을 제거해요. 암술을 제거할 때는 꽃의 끝부분에 입바람을 훅 불어 꽃잎이 열리면 암술을 쉽게 제거할 수 있어요. 꽃자루까지 따서 깨끗이 정리하세요.

튀김 반죽하기

준비한 달걀을 풀어 밀가루와 올리브유 1큰술을 넣어 주세요.
반죽을 저으면서 우유를 조금씩 부어 계속 저어 주세요.
이제 소금과 후춧가루로 간한 뒤 1시간 정도 가만히 두세요.

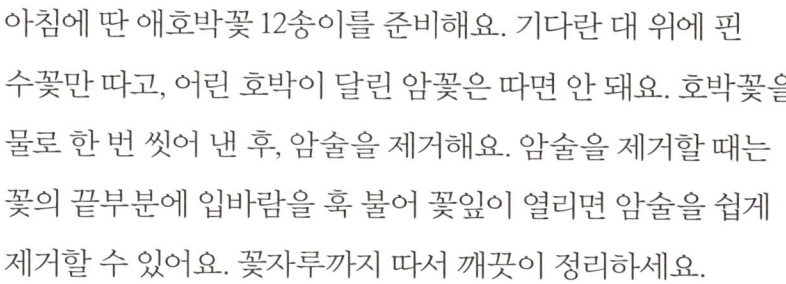

튀기기

기름을 준비해 데워 주세요. (튀김용 기름을 데울 때는 반드시 어른과 함께하세요.)
손질한 호박꽃에 한 송이씩 반죽을 입힌 다음,
데운 기름에 튀기세요. 노릇노릇 호박꽃이 튀겨지면
키친타월 위에 건져 내면 돼요.

다양한 토마토

무려 1200여 종이나 된다고요!

산마르차노

검정 방울토마토

황소의 심장

그린 제브라

레몬 보이

로즈 드 베른

아니나스

파올라 F1

마르망드

봄

토마토를 심어요

토마토는 여름 내내 따 먹을 수 있는 채소예요.

토마토는 조그만 씨앗을 심어서 싹을 틔우기가 어려워요.
어느 정도 자란 모종으로 토마토를 심어야 해요.
그러면 키우기가 한결 쉬워요.

토마토 심기가 좋은 5~6월이 되면 쌍호미로 텃밭을 만드세요.
텃밭을 잇는 줄을 따라 흙을 파면 반듯한 고랑을 만들 수 있어요.
고랑과 고랑 사이는 80cm로 간격을 줘요.
그런 다음 30cm 높이로 이랑을 만들고 이랑의 60cm마다 구멍을 뚫어
토마토 모종을 심어요. 토마토 모종 바로 옆에는 막대를 하나씩 세워
버팀목을 만드세요. 모종과 막대의 위쪽을 묶어 고정시키면 돼요.

물은 6일에 한 번씩, 흙이 흠뻑 젖도록 충분하게 주세요.
모종이 어느 정도 자라면 곁순(원줄기와 원가지 사이에 돋아난 가지)을
잘라요. 그래야 양분이 곁가지 뻗는 데에 뺏기지 않고 열매 맺기에
집중될 수 있거든요.

꽃이 피었다 진 자리에는 연둣빛 토마토가 맺힐 거예요.
햇빛 아래서 점점 더 굵고 빨갛게 익어갈 모습을 기대하세요.

녹색 머리 하얀 당근

당근을 키울 때에는

속 노란 당근

모종은 필요 없어요

파리지엔느 당근

씨를 심으면 되지요

아시아퍼플 당근

봄

당근을 심어요

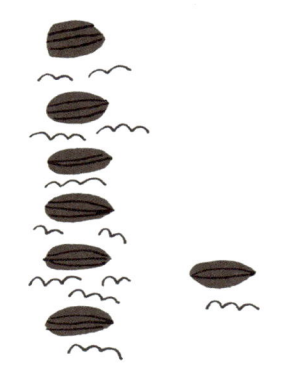

뿌리 채소 당근을 심어 볼까요.

먼저, 텃밭을 잇는 줄과 쌍호미로 고랑을 만들어요.
고랑 사이는 30cm로 맞추고, 이랑에 당근 씨앗을 1cm 간격으로 심어 주세요.
너무 깊지 않게 심고 흙도 살짝만 덮어 주세요.

15일 정도가 지나면 흙 속에서 싹이 올라오는 게 보일 거예요.
싹이 5cm 정도 자라면 싹의 간격이 4cm가 되게 싹을 솎아 내세요.
뽑아낸 당근은 다시 심어도 자라지 않아요. 퇴비로 활용하세요.

이제 당근이 쑥쑥 자라기를 기다리면 돼요. 3~4개월 정도면 당근을
수확할 수 있을 거예요. 당근은 먹을 것만 수확하고 나머지 당근은 흙 속에
그대로 두세요. 10개월 정도는 필요할 때마다 뽑아 먹어도 돼요.
당근을 수확할 때는 뿌리와 줄기 사이의 흙 위로 솟은 머리 부분을
똑바로 잡아당겨 뽑으면 돼요.

아참! 당근을 키울 때, 때때로 당근 주위에 자라는 잡초를
뽑는 일도 잊지 마세요. 하지만 연약한 당근 머리는
건드리지 않도록 주의해야 해요!

당근 머리

첫 수확은 10월부터

파밭에
좀나방이
자꾸자꾸
꼬인다면

가까운 자리에
당근을 심어 보세요!

파 모종을 심어요

대파는 연필만 한 크기의 새순인 모종을 심어야 해요.
화분에 씨를 뿌려 직접 키운 모종이 있다고요? (89쪽 참고)
그렇다면 모종을 화분에서 흙덩이째 조심조심 뽑아
뿌리의 흙을 톡톡 흔들어서 털어 주세요.
그러고는 바로 심지 말고 햇볕에 3일 정도 말려 주세요.
이렇게 하면 파 잎을 갉아 먹는 좀나방 유충을 없앨 수 있거든요.

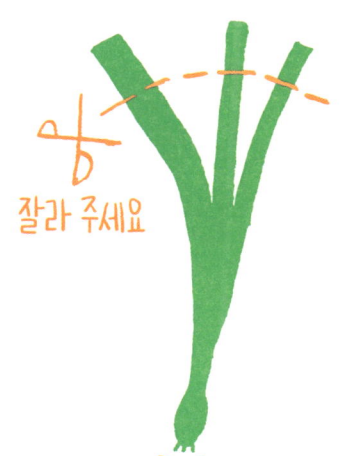

파를 심어 볼까요? 우선 가지치기를 하듯이 가위로 녹색 잎의
윗부분을 잘라 주세요. 뿌리 수염도 2cm만 남기고 다듬어요.
모종들의 키가 엇비슷해졌나요?
이제 텃밭에 쌍호미로 30cm 간격의 이랑을 만들어 구멍삽으로
15cm마다 구멍을 뚫어 줘요. 그 구멍에 가득 차게 물을 준 후
파 모종을 심어요. 뿌리가 바닥에 닿도록 끝까지 넣어야 해요.
심을 때 뿌리의 수염이 위로 말려 올라가지 않게 조심하세요.

파의 대 윗부분은 원통 모양이 아니라 납작하게 생겼지요?
이 납작한 대들이 모두 한 방향을 바라보듯 심어 주세요.
이제는 호미로 북주기를 할 차례에요. 북주기는 모종 아래쪽에
조그만 산을 만들어 모종이 넘어지지 않게 하는 거예요.

이렇게 심은 파가 다 자라면 필요할 때마다 수시로 뽑아 먹으면 돼요.
파는 어떻게 뽑아야 할까요? 쇠스랑(92쪽 참고)으로 흙을 들어 올리면서 파를
잡아당기면 돼요. 남아 있는 파들은 한 달에 한 번씩 잎 끝을 잘라 주세요.
그러면 한겨울까지도 땅에 심은 그대로 보관할 수 있답니다!

땅속 감자가 알알이 여물어 가요

5월 **6월** **7월**

마늘을 가까이 심으면 감자잎벌레를 쫓아낼 수 있답니다

감자 북주기에 도전해요

감자를 심고 한 달이 지나면 꽃이 피어요.
그 뒤 4~5개월이 지나고 줄기가 시들 무렵이 바로 감자를 수확할 시기예요. (67쪽 참고)

감자를 키울 땐 씨앗도, 모종도 필요 없어요.
그저 싹 난 감자만 있으면 돼요! 단, 감자를 심을 때는 냉해 위험이 없는 곳이어야 해요. 텃밭에 줄을 이어 쌍호미로 50cm 간격으로 고랑을 만들어요. 그리고 이랑에 40cm 간격으로 구멍삽을 이용해 15cm 깊이의 구멍을 만드세요. 구멍 하나에 감자 한 알씩, 감자 싹이 하늘을 향하게 넣어 주세요. 그리고 감자 위로 흙을 6cm 정도 덮어 주세요. 이때 너무 꾹 누르지는 마세요. 보름 뒤에, 심은 곳에 구멍이 생기지 않았는지 찾아서 한 번 더 흙을 덮어 주세요.

감자 물 주기는 걱정하지 마세요. 감자 줄기는 스스로 수분을 찾아 흡수하거든요.
그렇다면 이제 북주기를 해 볼까요?
땅 위로 솟은 감자 줄기 주변에 흙을 두둑하게 쌓아 줍니다.
이 작업에는 북주기 전용 도구를 쓰는 게 제일 좋지만, 호미를 사용해도 괜찮아요.
북주기는 감자가 자라는 동안 한두 번 정도 더 해 주세요.

감자는 원래 남아메리카 작물이었어요.
그러다가 16세기경 유럽에 전해지게 되었어요.
그 뒤, 우리나라에는 19세기에 전해졌고, 굶주린 사람들에게
훌륭한 식량이 되었답니다.

꽃을 감상해요

싱싱한 튤립

튤립 대를 사선으로 잘라 물에 꽂아 두면 꽃이 오랫동안 싱싱해요.
꽃대가 꼿꼿했으면 좋겠다고요? 그럴 땐 구리가 정답이에요.
물속에 구리로 만들어진 십 원짜리 동전 몇 개만 넣으면
꽃대가 오랫동안 꼿꼿하지요.

꽃을 오래오래 볼 수 있는 방법

꽃병에 소금을 반 스푼 넣고, 3일마다 줄기 끝을 살짝 잘라 주기만 하면 돼요.

신기한 꽃 실험

하얀 꽃을 꽂아 둔 물에 검은 잉크를 풀어 보세요. 꽃잎이 검게 물든답니다.

튤립은 여러해살이풀

다른 알뿌리 식물들처럼 튤립도 여러 해를 살아요.
꽃이 시들었다고 뿌리까지 뽑으면 안 돼요. 꽃이 완전히 시든 후에 꽃송이만
잘라 주세요. 그럼 튤립은 다음 해에 쓸 양분을 뿌리 속에 저장할 거예요.
꽃을 너무 빨리 잘라 버리면 다음 해 봄에 꽃을 못 보게 되니 조심하세요!

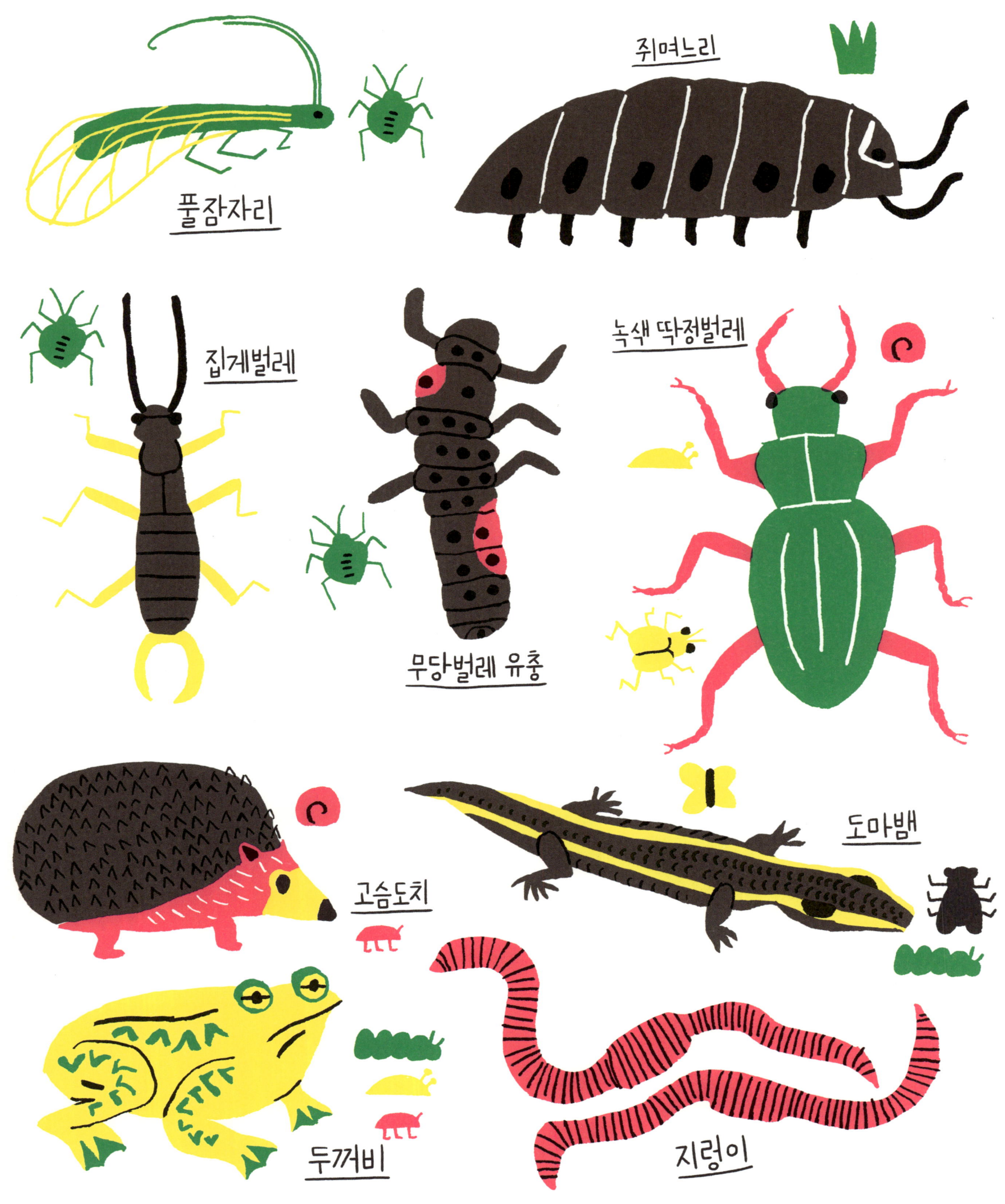

봄

텃밭 친구들을 소개해요

텃밭에는 채소를 기르는 데 꼭 필요한 친구들이 있어요.
여기에서는 꽃의 번식, 즉 꽃가루받이를 도와주는 곤충을 소개할게요.

=단골 메뉴=

 진딧물

 달팽이

 민달팽이

 감자잎벌레

 송충이

 유기물

 나방

 파리

그 외 해충

꿀벌은 꽃밭이 풍성해지게 도와줘요

꽃에는 남성 생식 기관인 수술이 있고, 여기에는 꽃가루가
붙어 있어요. 이 꽃가루가 다른 꽃의 여성 생식 기관인
암술과 만나려면 운반자가 필요하겠죠? 바로 그 운반을
담당하는 텃밭 친구는 꿀벌이에요. 꿀벌이 수술 아래쪽에 숨겨진
달콤한 꿀을 모으는 사이, 수술에 붙어 있는 꽃가루가 꿀벌의 다리에 묻어요.
이렇게 꿀벌은 다리에 묻은 꽃가루를 가지고 여러 꽃에 옮겨 다니며
꿀을 모으게 돼요. 꿀벌은 한 시간에 250송이나 되는 꽃을 옮겨 다닌다고 해요.
이렇게 꽃가루받이를 꿀벌이 도와주고 있어요. 그런데 꿀벌의 도움 없이도
번식할 수 있는 식물이 있어요. 바로 튤립 같은 알뿌리 식물들이랍니다.

꿀벌 전용 옹달샘을 만들어요

꿀벌은 물을 무척 많이 마시지만 안타깝게도 수영을 할 줄 몰라요!
꿀벌을 위한 작은 옹달샘을 만들어 주세요. 얕은 접시에 물을 채운 다음,
조약돌이나 진흙 덩어리로 징검다리를 놓으면 꿀벌이 그곳에
앉아서 물을 마실 수 있으니, 꾸준히 물을 채워 주세요.

해바라기 씨를 받아요

여름

해바라기 씨를 받아 두면 아주 경제적이에요.
그럼 다음 해 봄에 씨앗을 사지 않아도 되거든요!

완전히 시들어 버린 해바라기 꽃을 하나 고르세요.
아마 씨앗들도 바짝 말랐을 거예요. 시든 해바라기 꽃을 조심조심
잘라낸 다음, 종이 한 장을 깔고 씨앗을 뜯어내요.
100~500개 정도의 해바라기 씨를 모으세요. 이제 이 씨앗을
건조하고 통풍이 잘 되는 곳에서 일주일간 더 말려 주면 돼요.

건조한 곳에서 말려야 해요!

씨가 다 마르면 봉투에 담아 서늘하고 어두운 곳에 보관합니다.
습하거나 따뜻하고 빛이 드는 곳에 두면 씨에서 싹이 날 수도 있어요.
봉투에는 씨를 받은 날짜를 꼭 적어 두세요. 씨는 1년 넘게 두면 안 되거든요.
그리고 밀폐 용기에 넣어 보관하세요.

2018년 7월

한 해가 가고 5월이 되면 해바라기 씨를 심을 때랍니다.
텃밭에 3cm 깊이의 구멍을 만들어 씨를 심어요. 아마 너무 말라서
싹이 나지 않는 씨앗도 있을 거예요. 파도 똑같은 방법으로
재배할 수 있어요. 꽃 피는 여름에 씨앗을 받아 두고
겨울에 다시 심어 보세요. (88~89쪽 참고)

파꽃

시든 해바라기 꽃에서 떨어진 씨앗은
새들에게 맛있는 먹이가 된답니다

라벤더 향주머니를 만들어요

여름

준비물

- 말린 라벤더 한 묶음
- 실 조금
- 가위 1개
- 자투리 천 7cm × 25cm
- 끈 10cm
- 바늘 1개

꽃이 핀 라벤더 줄기들을 꺾어서 끈으로 묶어 주세요.
(라벤더 꽃 아래 줄기를 10cm 길이로 잘라요.) 꽃다발을 걸듯이 못이 박힌 벽에
꽃이 아래로 향하게 거꾸로 걸어 놓아요. (거꾸로 달아야 꽃 모양대로 잘 말라요.)
라벤더가 잘 말랐다면, 보랏빛 조그만 꽃송이들을 뜯어
천 주머니에 담고 옷장에 넣어 두면 옷에서 좋은 향기가 난답니다.

향주머니 만드는 법

천을 7cm × 25cm 크기로 자릅니다.
무늬가 있는 면이 서로 맞닿도록 반으로 접으세요.
접힌 부분을 다림질로 펴세요. (다림질은 어른들께 부탁해요.)
끈을 10cm로 잘라 반으로 접고, 접힌 부분을 포개어진 천 사이에 물려요.

그 상태로 천의 터진 모서리 세 면을 가장자리에서 0.5cm 간격을 두고
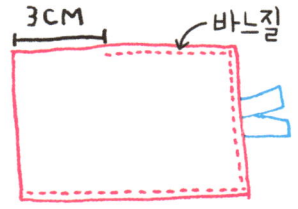
바느질 해요. 단, 마지막 면에서는 3cm를 남겨 두세요.
그 구멍으로 엄지손가락을 넣어 주머니를 뒤집어 주세요.

이제 잘 말린 라벤더 꽃송이를 따서 주머니를 채워 볼까요?
3cm 비워 둔 구멍으로 라벤더 꽃송이를 채우고, 예쁘게 바느질 해 주세요.

딸기를 심어요

딸기 심기는
8월 중순에서 가을까지

딸기는 꽃이 피어나는 봄에 추위를 조심해야 해요!
베란다에서 딸기를 키우려면 바닥에 구멍이 있는 커다란 화분을 준비하세요.
화분 바닥에 자갈을 깔아 주고, 부식토를 채워 줍니다.

모종삽으로 구멍을 파고 딸기 모종을 넣으세요.
그리고 나서 이파리들이 땅에 묻히지 않도록 조심하면서
흙을 덮어 준 후 손으로 흙을 눌러 주세요.

손으로 꾹꾹

모종 둘레에는 물을 미리 모아둘 수 있도록
모종삽으로 구덩이를 파 줘야 해요.
그리고 물은 흙이 완전히 말랐을 때만 주세요.
덩굴들이 자라나면 필요 없는 덩굴들은 수시로 잘라 주세요.
딸기로 가는 영양분을 빼앗길 수 있거든요.

모종삽으로 모종 주변에 구덩이를 파고

물을 채워요

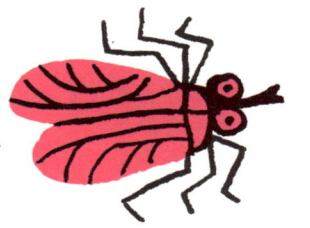

모종 주위로 몰려드는 고자리파리를 쫓아내려면 골판지를 사방에 둘러 주세요

여름

방울양배추를 아나요?

방울양배추를 키울 땐 씨앗이 아니라 모종을 심으세요.
가을이 되면 맛있는 양배추를 수확할 수 있을 거예요.

방울양배추는 바람이 없고 그늘이 있는 곳에 심어야 해요.
우선 밭에 퇴비를 많이 뿌려 주세요.
흙이 마르지 않도록 주기적으로 물도 주고요.

그리고 쌍호미로 50cm 간격의 고랑을 만들어요. 이랑에 50cm마다
구멍삽으로 깊이 5cm의 구멍을 뚫어 모종을 심어 주세요.
뿌리 위쪽의 줄기까지 흙으로 덮어 줘야 해요.
이제 싹이 나기 전에는 하루에 한 번, 싹이 난 뒤에는
2~3일에 한 번 입자가 고운 물뿌리개로 물을 주세요.

방울양배추를 심은 주변 바닥을 짚으로 덮어 주면
흙의 수분을 오래도록 보존할 수 있어요.
방울양배추는 필요할 때마다 수시로 따서 먹으면 돼요.
아래쪽부터 똑똑 떼어 내면 수확하는 재미도 있어요.

평균적으로 모종 하나에 **50알**이 맺혀요

줄기 아랫쪽에 달린 열매부터 수확하세요

잔구멍이 많은 물뿌리개로

규칙적으로 물을 줘요

강낭콩을 심어요

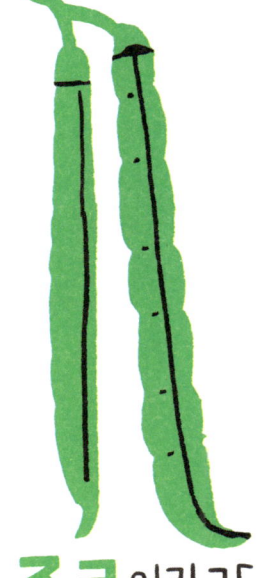

줄콩이라고도 해요

쌍호미 / **고랑을** 만들어요

콩은 심는 시기가 지역마다 달라서 봄에 심거나 여름에 심기도 해요.
기온이 18°C가 될 때 심는 게 좋기 때문이에요.
씨를 뿌린 후 콩의 품종에 따라 2~4개월 후에 수확할 수 있답니다.

텃밭에 쌍호미로 40cm 간격으로 고랑을 파고 이랑에 물을 주세요.
그리고 구멍삽으로 이랑에 25cm 간격으로 깊이 2cm의
구멍을 만들어 구멍마다 강낭콩 씨앗을 여러 개씩 넣고
흙으로 덮어 주세요. 이때 흙은 살짝만 덮어야 해요.

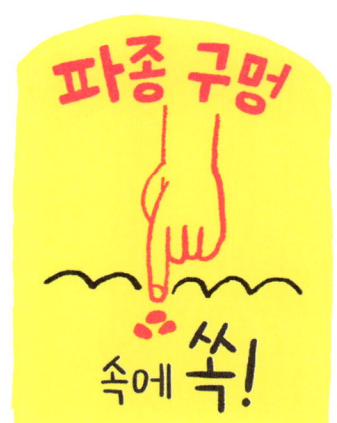

파종 구멍 속에 쏙!

5~8일 정도 지나면 줄기가 올라올 거예요.
이제 2주 동안 북주기를 해 주어야 해요.
모종삽이나 호미로 줄기 아래쪽에 흙을 덮어 주면 돼요.
강낭콩은 수분을 별로 좋아하지 않아요.
물을 너무 많이 주면 안 되겠죠?
식물의 대부분을 차지하는 것이 수분이긴 하지만
모든 식물이 똑같은 양의 물이 필요한 것은 아니랍니다.

씨앗을 **물속**에 하룻밤 담가 두면 더 빨리 싹을 틔울 수 있어요

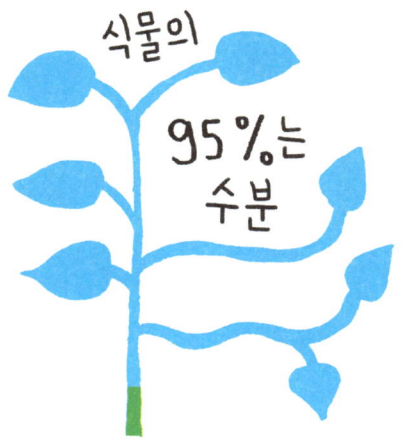

식물의 **95%**는 수분

여름 꽃다발을 만들어요

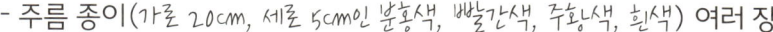

시들지 않는 장미 만들기

준비물

- 주름 종이 (가로 20cm, 세로 5cm인 분홍색, 빨간색, 주황색, 흰색) 여러 장
- 주름 종이 (가로 40cm, 세로 4cm인 녹색) 1장
- 가위 1개　　- 풀 1개　　- 철사 넉넉하게

꽃 만들기

가로 20cm, 세로 5cm로 길게 자른 주름 종이를 2cm 간격으로 접어 직사각형 모양을 만듭니다. 직사각형의 윗부분을 둥글게 가위질하고 다시 펼치세요. 펼쳐진 종이를 양쪽 끝이 만나도록 반으로 접되, 윗부분이 들쑥날쑥하도록 조금 어긋나게 접어요.

그 상태에서 다시 2cm 너비로 접어 직사각형 모양을 만들고, 이번엔 직사각형의 아랫부분을 반원 형태로 가위질합니다.

다시 종이를 펼치고 이제 위와 아래가 만나도록 가로로 반을 접어요.

종이 한쪽 끝에 철사를 고정시키고, 종이가 돌돌 말리도록 줄기를 돌리면 예쁜 꽃이 만들어진답니다.

줄기 만들기

가로 40cm, 세로 4cm로 길게 자른 녹색 주름 종이에 풀칠하세요. 장미의 줄기 부분을 덮는다는 생각으로, 꽃의 한쪽 끝에 연결된 철사의 위쪽에서부터 꼼꼼하게 감아 내려옵니다. 철사 끝까지 잘 감아 주세요.

이제 꽃잎을 예쁘게 펴서 꽃 모양을 만들어 줍니다.

한밤중 텃밭을 관찰해요

식물의 수면 운동

밤낮에 따른 식물의 움직임을 '수면 운동' 또는 '취면 운동'이라고 해요.
보통 밤이 되면 튤립, 사프란, 애호박꽃, 해바라기를 비롯한 여러 꽃들과
자귀나무나 바우히니아 같은 나무 이파리들은 오므라들게 돼요.
하지만 끈끈이대나물이나 분꽃처럼 밤에 피는 꽃들은 잎을 활짝 벌린답니다.

달빛 아래 정원사

날마다 같은 자리에 서서 달의 움직임을 관찰해 보세요.
하루하루 지날수록 달이 점점 더 높아지고 있나요,
아님 낮아지고 있나요?
달이 높아지는 시기엔 나무 수액도 위쪽으로 이동해요.
이럴 땐 땅 '위쪽'에서 일어나는 일에 집중하세요.
열매를 따거나 가지치기 같은 일을 하면 돼요.
달이 낮아지는 시기엔 수액도 뿌리 쪽으로 움직인답니다.
이럴 땐 모종 심기 같은 땅속에서 일어나는 일에 집중하세요.

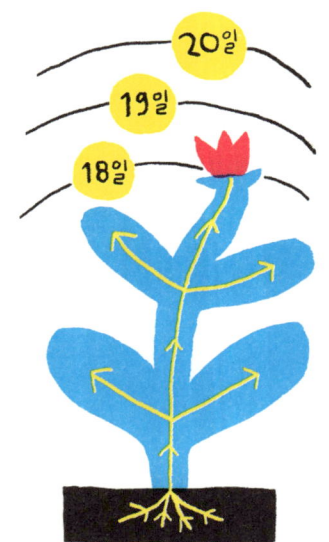
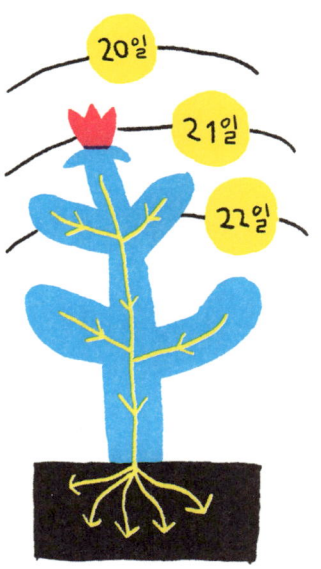

반딧불이 등 만들기

준비물

- 작은 유리병(떠먹는 요구르트 병 크기)
- 티라이트 양초(납작한 양초)
- 가는 철사 50cm
- 아크릴물감
- 큰 붓
- 펜치

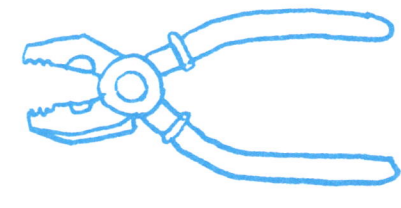

만드는 방법

한 손으로 유리병을 잡고 다른 손으로 붓을 이용해 아크릴물감으로 줄무늬를 그립니다. 다 그렸으면 잠시 마르게 내버려 두세요.

철사를 50cm 길이로 잘라 반으로 접은 다음, 유리병 입구 둘레를 두 번 감아 주세요.

감고 남은 부분의 철사는 구부려서 손잡이를 만들어요.

이제 등잔불을 온실이나 베란다에 걸어 보세요.
멋진 반딧불이 등이 될 거예요.

꺾꽂이에 도전해요

우리집 인동덩굴이 쑥쑥 자라요!

나뭇가지 하나로 할 수 있는 일은 무엇이 있을까요?
꺾꽂이를 하면 작은 화분 하나를 선물할 수 있지요.
꺾꽂이가 가장 잘 되는 식물은 '연한' 줄기를 가진 식물이에요.
인동덩굴처럼 말이죠.

어항이나 꽃병에 물을 채우고 그 속에 숯 한 조각을 넣어 주세요.
그럼 물을 갈아 줄 필요가 없거든요. 그다음 랩이나 알루미늄 포일로
그 위를 덮고 꺾꽂이 대를 꽂을 수 있도록 구멍을 뚫어 주세요.

꺾꽂이 할 가지를 잘라 볼까요?
꽃이나 꽃눈이 없는 예쁜 가지를 하나 고르세요.
길이는 10cm 정도가 좋아요. 이파리는 제일 위쪽부터 3줄 이상 남겨 두고
전지가위로 잘라 주세요. 이때 전지가위는 날이 깨끗해야 해요.
이파리를 남겨 둔 가지를 꺾꽂이 할 구멍에 꽂아 넣으세요.
곧 뿌리가 자라나기 시작할 테니 빛이 잘 드는 따뜻한 곳에 둡니다.
뿌리가 4cm 정도 자라면 선물을 해도 좋아요.
물론 땅이나 화분에 옮겨 심어도 되지요.

깨끗한 **전지가위**로 잘라요

밝고 / 따뜻한 곳

여름

텃밭 훼방꾼을 물리쳐요

진딧물을 물리치려면

무당벌레 군단을 풀어요! 무당벌레 대신 제라늄처럼
독특한 향이 나는 식물을 심어도 좋아요.

함께 심으면 서로 돕는 식물도 있어요

토마토 잎의 냄새는 아스파라거스잎벌레를 쫓아내는 데 그만이에요.
당근에서 나는 냄새는 양파의 고자리파리와 대파를 괴롭히는 파좀나방을
물리쳐 주지요. 로즈메리, 타임 같은 허브들은 배추흰나비 퇴치에 좋고요.
만수국을 심으면 상추의 진드기를 없애 준답니다.

새들이 씨앗을 쪼아 먹을 때는

직접 발 벗고 나서서 쫓아내야 해요.
허수아비는 아무 소용없거든요.

개미를 물리칠 때는

레몬 반쪽을 작물 옆에 두면 좋아요.

달팽이들을 물리치려면

오이 한 조각을 올린 알루미늄 포일을 작물 아래 두세요.
화학 반응으로 발생하는 냄새가 달팽이를 쫓아내 줄 거예요.
밤송이나 식은 재, 톱밥, 달걀껍질 빻은 것을 두어도 좋아요.
타임을 함께 키우는 것도 도움이 되지요.

황금 비법

알뿌리를 심을 때

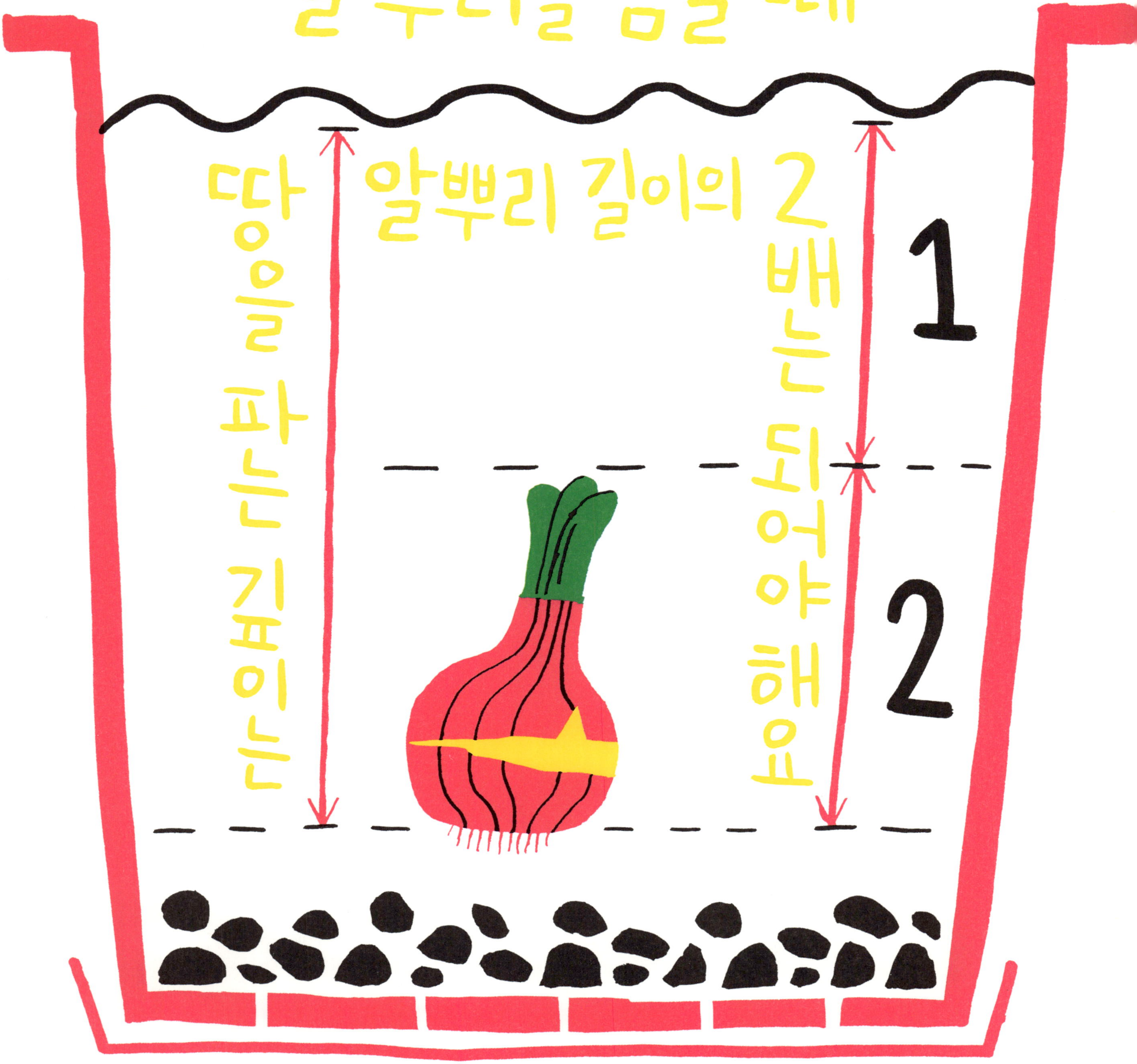

땅을 파는 깊이는
알뿌리 길이의 2배는 되어야 해요
1
2

튤립을 심어 볼까요?

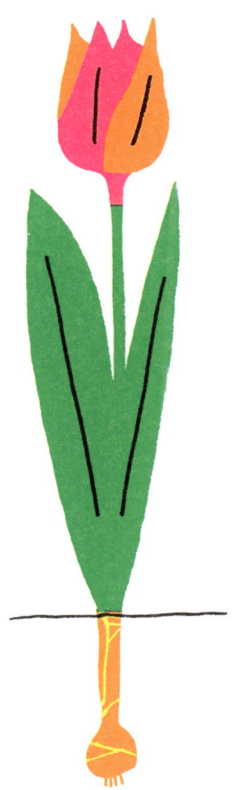

머리가 위쪽으로!

가로로 기다란 화분을 준비해 화분 바닥에 자갈을 깔고,
그 위에 부식토를 4cm 정도만 넣어 주세요.
그리고 모종삽으로 10cm 간격마다 구멍을 뚫어 줍니다.
이때 끝이 뾰족한 구멍삽은 뿌리 아래 공기층을 만들 수 있으니 쓰지 마세요.
이제 구멍마다 튤립 알뿌리를 넣어 주세요.
튤립은 알뿌리 식물로, 심을 때
항상 머리 부분이 위쪽으로 오게 넣어야 해요.
알뿌리를 심은 뒤 그 위에 부식토를 10cm 가량 덮어 주고
톡톡 두드린 후 물을 줍니다.

꽃을 빨리 피우고 싶다고요?

그럼 튤립 알뿌리를 냉장고에 넣어 둔 후에 싹이 트면 화분에 심어 보세요.
더 빨리 꽃을 볼 수 있을 거예요.

대부분의 알뿌리 식물은

수선화

가을에 심어요

사프란

봄이 오면

아마릴리스
꽃이 피지요

냉장고에 알뿌리를 넣어 두세요
열흘 동안

가을

가을

수국을 꺾꽂이해요

어떤 식물은 가지를 잘라 다른 곳에 옮겨 심어도 잘 자라요.
집에 수국이 있다면 한 번 옮겨심기에 도전해 보세요.

꽃이 핀 수국에서 꽃이 없는 가지 하나를 고르세요.
마주 보는 나뭇잎 한 쌍을 골라 그 위쪽에서 가지를 잘라내고,
가장 위쪽의 이파리 2~3장만 남겨 두세요.
이렇게 남겨 둔 잎들은 그 끝을 사선으로 조금씩 잘라 줍니다.
이제 흙이나 모래를 채운 화분에 옮겨 심으면 돼요.
가지 옆에는 버팀목도 함께 세워, 가지와 함께 묶어 주세요.
겨울이 지날 때까지 시원하고 건조한 곳에 두었다가,
봄이 되면 정원이나 기다란 화분에 옮겨 심으세요.
그럼 다음 해 봄에는 예쁜 꽃을 보게 될 거예요.

물은 자주자주 아주 조금씩만

버팀목 / 화분

가을

가을 낙엽을 모아요

가을이 오면

나무는 추위 속에 살아남기 위해 수액을 저장해요

영양분을 받을 수 없게 된 이파리는 시들고

결국 떨어집니다

식물 표본 만들기

준비물
- 여러 가지 낙엽들
- 신문지
- 압착기

압착기 재료:
- 사각형 널빤지 2장
- 나사못 2개
- 벌집 모양 골판지 2장

우선 예쁜 낙엽들을 모아서 잘 말려야 해요. 신문지 사이에 낙엽을 하나씩 끼우고 그 위에 두꺼운 책을 올려 두세요. 책 대신 압착기를 만들어 말려도 좋아요.
골판지를 덧댄 사각 널빤지 사이에 낙엽을 넣고 나사로 조이면 압착기가 돼요.
압착기는 신문지와 달리 낙엽에 잉크 자국을 남기지 않거든요.
이제 낙엽이 마르면 공책에 한 장씩 붙이고 그 위에 나뭇잎의 이름을 적어 주세요.

남은 낙엽은 여러분이 키우는 식물의 화분에 뿌려 줘도 돼요. 단, 낙엽이 식물에 직접 닿으면 줄기가 썩을 수도 있으니 식물 둘레에만 살짝 뿌려 주세요.

마늘 & 양파

주렁주렁 엮어 부엌이나 창고에 매달아요

무화과

햇볕에 10일, 또는 오븐에 넣고 30~60°C로 1-2시간 동안 말려요

허브 잎

햇볕에 직접 닿지 않는

바람이 잘 드는 곳에

얇게 펼쳐서 말려요

호두

서늘하고 건조한 곳에 보관해요

수확물을 저장해요

버섯 저장할 때 필요한 준비물

- 땅콩 기름 약간
- 백식초(옥수수 발효 식초) 200ml
- 갓 따낸 어린 버섯들(나팔버섯이나 느타리버섯)
- 월계수 잎 3장
- 소금, 통후추 약간씩
- 정향 3알
- 뚜껑이 있는 유리병 1개

주의사항

여러분이 딴 버섯이 먹을 수 있는 버섯인지 아닌지, 꼭 확인해야 해요.

버섯 저장 방법

버섯 밑동을 자르고 깨끗한 행주로 살짝 문질러 닦아요.

냄비에 백식초 200ml와 물 200ml를 함께 넣고 끓이세요.

끓인 백식초물에 손질한 버섯을 15분 정도 담가 둬요.

백식초물에 담갔던 버섯의 물기를 털고 말린 뒤
월계수 잎, 소금, 통후추, 정향과 함께 유리병에 담아요.
그 위에 땅콩 기름을 살짝 둘러 주세요.

이제 뚜껑만 닫으면 맛있는 버섯을
오래 두고 먹을 수 있답니다.

호박을 보관해요

호박 수확하기

호박은 수확할 때를 잘 살펴봐야 해요.
굵고 색이 진해져도 아직 익은 것이 아니랍니다.
잎이 노래지고 줄기가 시들고 꼭지가 끊어질 때쯤 되어야 정말 잘 익은 거예요.
한 번에 모두 따는 것보다는 필요할 때마다 수시로 따는 것이 좋아요.
만약 오래 보관해야 한다면 호박에 상처가 나면 안 돼요.
이제 호박을 수확해 봐요. 딸 때는 꼭지를 5cm 남겨 두고 전지가위로 자르세요.
그리고 수세미로 문질러 물로 깨끗이 씻어 흙과 애벌레들을 떼어 내면 돼요.
물기는 깨끗한 행주로 닦아 내세요.
날이 좋을 때 햇볕에 며칠만 말리면 껍질이 단단해집니다.

첫서리가 내리기 전에 호박을 모두 수확해요

호박 보관하기

호박은 15~20℃ 정도 따뜻한 곳에 보관해야 해요.
보일러 옆이나 부엌 한쪽에 두면 좋겠지요?
호박을 층층이 쌓아 보관하면 물러질 수 있어요.
꼭지를 위로 향하게 두면 3~6개월간 보관할 수 있답니다.

단단한 감자들

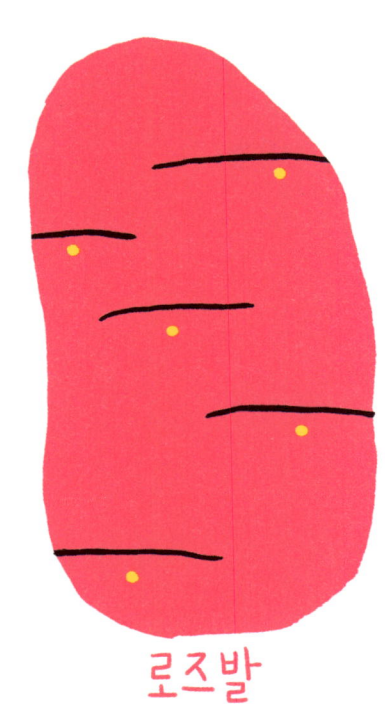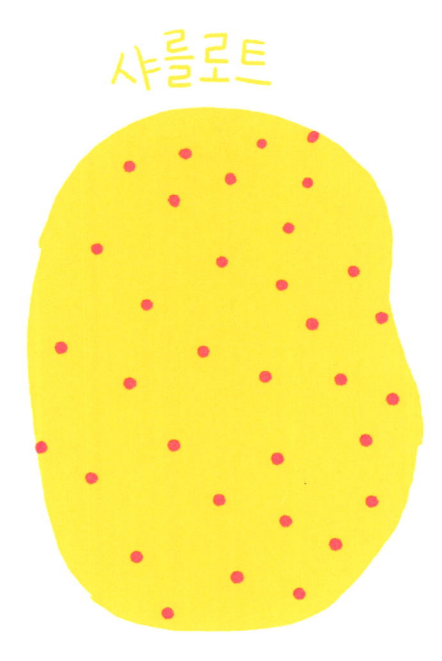

부드러운 감자들

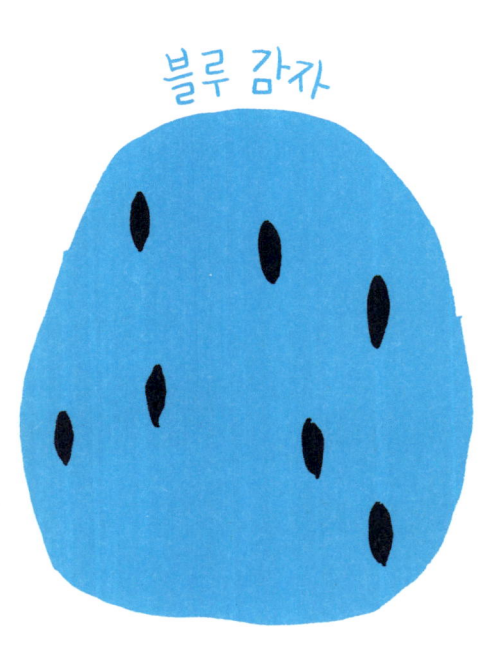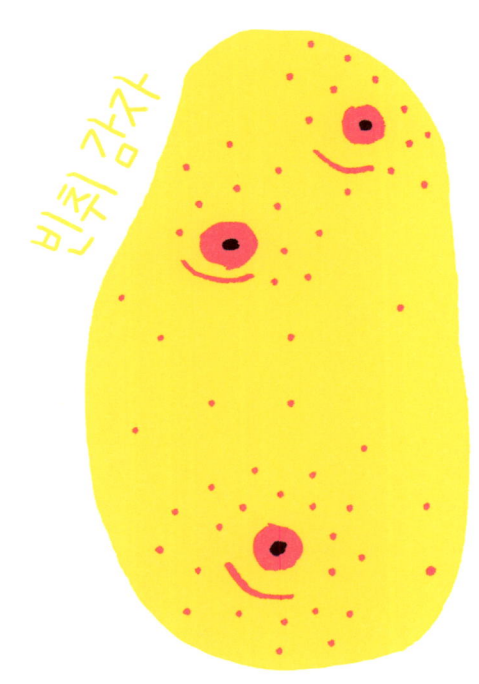

가을

감자를 수확해요

감자는 첫서리가 내리기 전까지 필요할 때마다 수확해서 먹을 수 있답니다.

감자를 수확하려면 잎이 완전히 시들 때까지 기다려야 해요.
흙 속에 숨어 있는 감자의 아래쪽에 쇠스랑을 깊숙이 넣어
지렛대처럼 뿌리를 들어 올리면 감자 덩이가 줄줄이 따라 올라와요.
이제 알알이 떼어 내면 돼요.
줄기들은 모두 밭에 줄 퇴비로 만드세요.
줄기를 다시 땅에 심을 수는 없거든요.

감자는 빛이 들지 않는 곳에 보관해야 싹이 나는 걸 막을 수 있어요.
싹이 난 감자는 잘 남겨 두세요.
씨감자로 봄에 다시 심으면 돼요. (28~29쪽 참고)
그렇게 또 한 번의 농사가 시작된답니다!

가을

건강한 퇴비를 만들어요

퇴비 상자

화분이 즐거워 할 거예요
와하하

퇴비는 유기물 쓰레기(과일 껍질, 달걀껍질, 티백 등)가 분해되면서
만들어지는 100% 천연 비료예요.
그 안에는 식물들이 자라는데 필요한 것들이 들어 있지요.
그럼 퇴비는 어떻게 만들까요? 먼저 정원이나 베란다 한쪽에 자리를 만드세요.
참고로 퇴비는 그늘진 곳에 두어야 해요.

나무나 플라스틱으로 된 퇴비 상자를 준비하세요.
위쪽이나 옆으로 여닫을 수 있으면 돼요.
아니면 정원 한 구석에 퇴비들을 쌓아 두는 방법도 있어요.
그럼 지렁이들이 퇴비로 모여들 거예요. 실내에서는 '퇴비 지렁이'라고
부르는 붉은줄지렁이를 구해서 넣어 주세요.
상자 안에 나뭇잎과 나무 조각들을 넣고 유기물 쓰레기가 생길 때마다
넣어 주면 미생물과 지렁이, 버섯균의 활약으로 저절로 분해가 될 거예요.
몇 달이 지나 부식토와 같은 냄새가 나기 시작하면 퇴비로 사용할 수 있어요.
퇴비를 만들 때 4주에 한 번씩 잘 섞어 주는 것도 잊지 마세요.
미생물도 공기가 필요하거든요!

미생물
미생물

좋은 퇴비가 돼요
발효된 동물 배설물과 섞은 지푸라기 더미
퇴비는 땅을 기름지게 만들어요

꽃이 피고 사과가 되기까지

사과꽃이
수분 활동을 거쳐

수정 작용이
일어나면

사과가
열립니다

사과 씨는 다시
땅으로 돌아가서

싹을 틔우고
나무로 자라나……

……다시 꽃이
피어납니다

가을

사과를 더 맛있게 먹어요

사과칩 만들기

<u>준비물</u>

- 새콤달콤 예쁜 사과 3개
- 기름 종이 적당히
- 계피 약간

<u>만드는 방법</u>

먼저 오븐을 120℃로 예열하세요. (어른의 도움이 필요해요.)

깨끗이 씻은 사과를 3mm 두께보다 얇게 썰어 줍니다.
오븐 용기에 기름 종이를 깔고 얇게 썬 사과를 놓은 뒤 계피를 뿌려요.
오븐에 넣고 1시간 후 사과를 뒤집어 주세요.
가끔 오븐을 열어 사과의 수분을 날리는 것도 잊지 마세요.

어느 정도 되었다면 한 조각을 꺼내 딱딱하게 굳었으면 완성된 거예요.
그럼 오븐에서 꺼내서 몇 시간 정도 식힌 후 뚜껑 있는 그릇에 보관하세요.

사과 종류는 수천 가지나 된답니다!

홍옥 · 골든 · 요리용 · 르망리셋 · 렌데레네트 · 갈라사과

홍로 · 잼용 · 부사 · 사과주용 · 안타레스 · 깎아 먹기용

71

화분이나
기왓장을
엎어 놓으면

곤충들의
쉼터가 되지요

겨울

겨울 쉼터를 만들어요

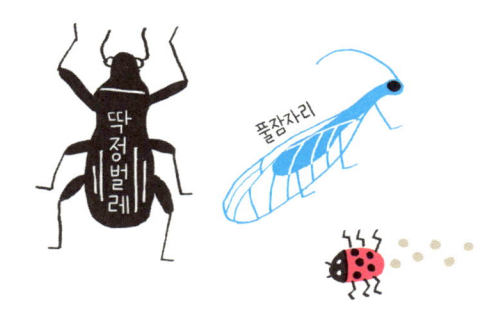

겨울은 곤충이나 작은 동물들에게 무서운 계절이에요.
이제는 텃밭 식물을 지켜주는 고마운 곤충들을 위해 우리가 나설 차례예요.

곤충을 위한 대나무 집 만들기

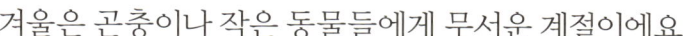

준비물

- 대나무 통(지름 8mm) 7~8개   - 끈 적당히

속이 빈 대나무나 딱총나무 같이 마른 나무들을 모아요.
이 나무들을 같은 길이로 7~8개 정도를 모아서 끈으로 묶은 다음
나무 몸통이나 나뭇가지에 매달아 주면 돼요.
이렇게 만든 나무 묶음은 다양한 곤충들이 쉴 수 있는 아늑한 공간이 될 거예요.
곤충들은 이곳에서 알도 낳고 겨울잠도 자겠지요.

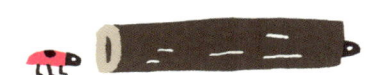
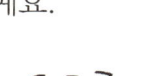

고슴도치 둥지 만들기

벽돌 4장과 커다란 나무판 하나로 고슴도치 둥지도 만들 수 있어요.
비가 새지 않도록 플라스틱 지붕을 씌우고,
바람과 볕이 들지 않는 곳에 만들어 두면 돼요.
그럼 햇볕을 싫어하는 고슴도치가
겨울 동안 편안히 쉴 수 있을 거예요.

겨울

밤나무 싹을 틔워요

바닥이 뚫린 화분에 모래와 부식토를 2:1로 섞어 채워 주세요.
그 속에 밤을 통째로 넣고 잘 덮어 주세요. 밤을 여러 개 심으면
싹을 틔울 확률이 높아진답니다! 겨울 동안 화분을 베란다에 내놓거나
벽 가까이 붙여 두세요. 추운 곳에 있어야 싹을 잘 틔울 수 있거든요.
흙은 항상 촉촉하게 유지해야 해요. 흙이 마를 때마다 물을 주면서,
겨울 동안 봄이 오기를 기다리고 또 기다려요.

봄이 되어 싹이 올라왔나요?
그럼 이제 줄기가 굵어질 수 있게 정원에 옮겨 심으세요.
아래쪽 잔가지들은 모두 떼어 내세요.
그럼 더 잘 자랄 수 있거든요.

◀ 파인애플은 어떻게 키울까요?

파인애플을 사서 위쪽의 뾰족한 머리 부분은 물에 담가 두고, 열매는 맛있게 먹어요.
10일 정도가 지나면 물에 담가 둔 머리 부분을 화분에 심으세요.
그리고 햇볕이 잘 드는 곳에 두고 꾸준히 물을 주세요.

겨울은 대청소의 계절

긴 화분

화분

화분 청소하기

먼저 화분에 있는 흙을 싹 비워 내세요. 병균이 있을 수 있거든요.
그다음 물로 깨끗하게 헹구세요.
마른 뒤에는 건조한 곳에 보관하세요.

헹구기

버팀목 손질하기

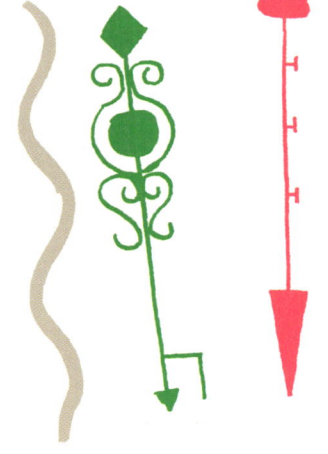

텃밭에 꽂았던 버팀목을 뽑아서 물로 깨끗이 씻어 내세요.
씻은 버팀목은 3% 농도의 황산구리 수용액으로 소독해야 해요.
이건 위험하니 꼭 어른들께 부탁하세요.
이렇게 하면 버팀목에 숨어 있던 균을 모두 없앨 수 있어요.

버팀목

텃밭 도구 손잡이 손질하기

먼저 텃밭 도구들의 손잡이와 도구가 이어진 부분에
나사나 못이 튼튼한지 확인하세요. 헐거워졌다면 다시 조여 주세요.
그리고 고운 사포로 손잡이를 문질러 부드럽게 만들어 주세요.
마지막으로 아마씨유를 묻힌 헝겊으로 텃밭 도구들을 닦아 주면
오래 쓸 수 있어요.

텃밭 도구 손잡이

겨울

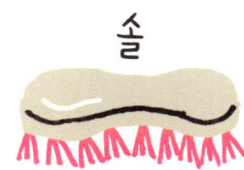

쇠갈퀴, 삽, 부삽 손질하기

쇠갈퀴, 삽, 부삽은 사용한 후에 그때그때 흙을 털어 주세요.
보관함에 넣기 전에 솔로 문질러 주세요.
만약 녹슨 곳이 있다면 철 수세미로 긁어내세요.
그리고 글리세린을 묻힌 헝겊으로 닦아 주세요.

전지가위, 절단기, 작은 낫 손질하기

도구들의 날을 가는 것은 꼭 어른들께 부탁하세요.
전지가위를 손질할 땐 용수철 부분에도 기름칠을 해 줘야 해요.
보관함에 넣을 때는 금속 부분이 위쪽을 향하게 정리해야
물기가 흘러내려 녹스는 일이 없어요.

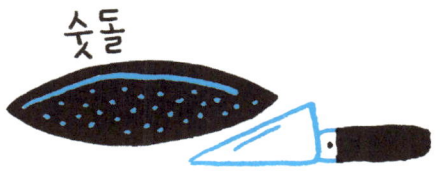

이파리 닦아 주기

추위로 실내에서 화초를 키울 때는 잎에 앉은 먼지가 기공을 막아
광합성을 방해할 수 있으니, 때때로 잘 닦아 줘야 해요.

겨울

추운 겨울, 새들을 도와요

개똥지빠귀나 방울새, 티티새 같은 새들은 겨울을 잘 보낼 수 있답니다. 하지만 살 곳을 찾기 위해 도움이 필요한 새들도 있지요.
11월이 되면 눅눅해진 과자와 씨앗을 담은 모이통을 만들어 보세요.
새들에게는 마실 물 찾는 것도 큰 걱정거리일 수 있으니 미지근한 물도 함께 준비하세요.

투명한 모이통 만들기

- 뚜껑이 있는 플라스틱 물병 1개
- 연필 1자루
- 문구용 칼 1개
- 철사 1가닥

물병의 맨 아랫부분에 연필을 가로질러 꽂아 두면 새들이 잠시 앉아 쉬었다 갈 수 있어요. 병 아래쪽을 뚫어 새가 드나드는 작은 입구를 만드세요.
뚜껑에 철사를 감아서 나무에 모이통을 매달고 모이를 채워 넣어요.
고양이가 건드릴 수 없는 곳에 설치해야 해요.
자주 청소해 주는 것도 잊지 마세요. 새똥은 질병을 옮길 수 있으니까요!

양파 그물망 모이통

양파 그물도 모이통이 될 수 있답니다.
그물망 안을 씨앗으로 채우고 나무에 걸어 두기만 하면 돼요.

겨울

아보카도 씨앗을 심어요

아보카도 씨앗을 빼낼 때 상처가 나지 않게 조심해야 해요.
빼낸 아보카도 씨앗을 잘 씻어서 말려 줍니다.
성냥개비나 이쑤시개 3개를 씨앗에 둘러가며 꽂은 뒤,
뾰족한 부분이 위로 향하게 해서
이쑤시개가 유리잔에 걸칠 수 있게 담아 주세요.
씨앗이 유리잔 바닥에 닿지 않게 하고, 씨앗 아래쪽만 물에 잠겨야 해요.
씨앗의 위쪽에는 물이 차 있으면 안 돼요. 이렇게 5주 정도 기다리면
물에 잠긴 씨앗 부분이 갈라지면서 뿌리가 나온답니다.
뿌리가 나오면 아보카도 씨앗을 부식토를 담은 화분에 옮겨 심으세요.
흙이 항상 촉촉할 수 있게 잘 살펴보며 물을 주세요.
이제 아보카도 나무가 쑥쑥 자랄 거예요!

응용편

알뿌리에 싹을 틔우는 히아신스

히아신스는 어떻게 키울까요?

물을 담은 유리병 위에 히아신스 알뿌리의 뾰족한 부분이
위쪽을 향하게 해서 올려 주세요.
그리고 빛이 들지 않는 암막 속에 넣어 둡니다.
하얀 뿌리가 자라나면 암막을 걷어 내고 빛을 쬐어 주세요.

겨울

새싹 채소를 길러요

알팔파

퀴노아
3~6일이면 싹이 나요

밀
2~3일이면 싹이 나요

렌틸 콩

싹을 4cm만 남기고 자르세요

새싹을 키우려면

- 유기농 씨앗들(농약이 묻지 않은 씨앗)
- 아주 고운 거름망 1개
- 재배기 또는 뚜껑이 있는 잼 통 1개

 고운 거름망

키우고 싶은 채소 씨앗을 고르세요.
알팔파, 퀴노아, 메밀, 렌틸콩 씨앗들은 6일 정도면 싹이 돋아나는 걸 볼 수 있을 거예요. 이 싹들은 모두 비타민 덩어리랍니다!

씨앗을 한 티스푼 정도만 물에 담가 하룻밤 두었다가
고운 거름망에 올려 물기를 빼 주세요. 그리고 도자기나 점토로 만든
재배기를 하나 준비하세요. 그런 게 없다면 잼 통으로 대신할 수 있어요.
잼 통 뚜껑에 조그만 구멍들을 뚫어 주세요. 그 위에 물기 뺀 씨앗을 놓고
햇볕이 닿지 않는 따뜻한 곳에 두세요.

물은 하루에 한 번 이상 자주 주세요.
하지만 물을 주고 난 후에는 통을 뒤집어 물기를 빼 줘야 해요.
싹이 난 뒤에도 물을 주고 물기는 꼭 빼 주세요.

겨울

크리스마스 장식을 만들어요

준비물

- 솔방울 여러 개
- 스프레이 페인트 1통
- 비즈 장식들 적당히
- 작은 화분 1개
- 세탁소 옷걸이 1개
- 담쟁이덩굴 1.5m
- 끈 적당히
- 옥수수 이삭 1개
- 튼튼한 접착 테이프

미니 트리

미니 트리 만들기

잘 말린 솔방울을 신문지 위에 놓고 스프레이 페인트로 색을 입히세요.
색을 입힌 솔방울에 비즈를 붙여 장식하면
마치 크리스마스트리에 있는 장식 방울 같을 거예요.
이 솔방울을 작은 화분 위에 쌓으면 미니 트리가 완성돼요.

크리스마스 리스

크리스마스리스 만들기

세탁소 옷걸이를 구부려서 지름 25cm가 되는 원형틀을 만들어요.
연결 부위는 접착 테이프로 튼튼하게 감아요. 원형틀을 담쟁이덩굴로
여러 번 감아 주고, 끈으로 네 곳을 묶어 고정시켜 주세요.
그다음, 빨간 열매가 달린 호랑가시나무를 달거나 끈이나 실을 이용해
작은 솔방울들을 매달아요. 담쟁이덩굴이 없다면
가느다란 소나무 가지로 만들어도 돼요.

겨울

화분에서 파 모종을 길러요

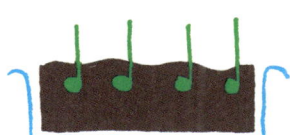

1~2월이 되면 봄에 심을 대파 모종을 길러 보세요.
플라스틱 통이나 기다란 화분에
작고 까만 대파 씨앗을 흩뿌려 심으세요.
여름에 파꽃에서 받아 둔 씨앗을 심으면 더 좋겠지요. (36~37쪽 참고)
씨앗을 흙으로 덮고 두드려 줍니다. 2~3주를 기다리면 바늘처럼
가느다란 녹색 줄기가 올라올 거예요. 5월이 되어 파가 연필만큼
두꺼워지면 땅에 옮겨 심으면 돼요. (26~27쪽 참고)
겨울에는 지난 5월에 옮겨 심은 대파를 수확할 수 있어요.
수확할 때 파를 쑥 잡아당기지는 마세요!
먼저 쇠스랑을 땅에 꽂아 그 위를 발로 누르면서
대파를 뿌리째 들어 올려 꺼내야 한답니다.

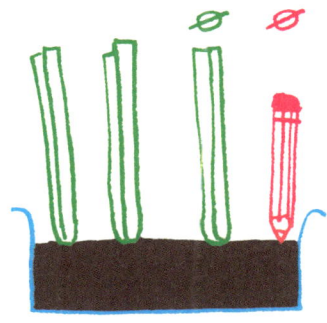
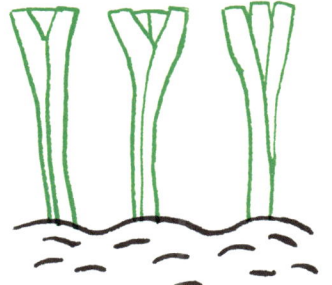

5월부터 2월까지

1년 내내 먹을 수 있어요

눈은 대파가 얼지 않게 이불이 되어 주지요

나만의 텃밭을 그려요

텃밭 공간이 넓다면 구역을 4등분해서 관리하는 게 좋아요.
세 곳은 농작물을 키우고 한 곳은 휴경지로 만드세요. '휴경지'란 농작물을
키우지 않고 땅이 기운을 회복할 수 있도록 내버려 둔 땅을 말해요.

농작물은 종류별로 구분해서 해마다 자리를 바꿔가며 키우는 게 좋아요.
농작물들은 자라는 데 저마다 다른 '양분'이 필요하니까요.
예를 들어 뿌리채소가 자란 뒤에는 땅이 힘들어 할 수 있어요.
뿌리채소를 심은 자리엔 땅의 힘을 회복시켜 주는 완두콩, 강낭콩 등을 심거나
토마토, 애호박 등 열매채소와 파, 상추 등 잎채소를 심는 것이 좋아요.

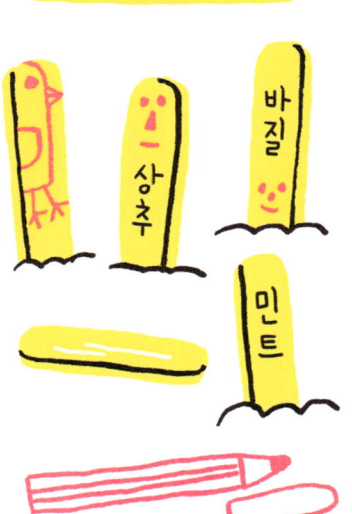

농작물에 이름표를 만들어 주세요

먹고 남은 아이스크림 막대기에 펜이나 페인트로 특별한 이름표를 만들어 보세요.
얼굴을 그려 넣어도 예쁘답니다. 다 쓰고나면 물에 상하지 않도록 막대 위에
니스를 칠해 주면 좋아요.

부록

채소

		씨 뿌리기	거두기	주변에 피할 작물	함께하면 좋은 작물
당근	25쪽	4, 5, 6월	10월 초부터	무 종류, 민트	
방울양배추	43쪽	7, 8, 9월	10, 11, 12월	마늘	허브 종류
호박	15, 65쪽	5월	9, 10월	(애호박의 경우) 오이	
강낭콩	45쪽	4월	파종 후 2~4개월째	파, 마늘, 양파	
대파	27, 89쪽	4, 5, 6월	늦여름부터 겨울까지	강낭콩	당근
감자	29, 67쪽	4, 5, 6월	첫서리 전 까지		마늘 (감자잎벌레를 물리쳐요)
래디시	13쪽	3, 4, 5월	파종 후 1개월째	파슬리 종류, 오이	
양상추	11쪽	3, 4월	파종 후 2개월째	파슬리	만수국

과일

		씨 뿌리기	거두기	주변에 피할 작물	함께하면 좋은 작물
딸기	41쪽	8월말, 9월	봄	양배추	
토마토	23쪽	5, 6월	여름	오이	아스파라거스

허브

		씨 뿌리기	거두기	주변에 피할 작물	함께하면 좋은 작물
허브	17쪽	연중 내내	연중 내내		방울양배추

꽃

		씨 뿌리기	거두기	주변에 피할 작물	함께하면 좋은 작물
해바라기	37쪽	5월	7, 8, 9월	상추	
튤립	30, 57쪽	10, 11, 12월	3, 4월		

텃밭 도구들

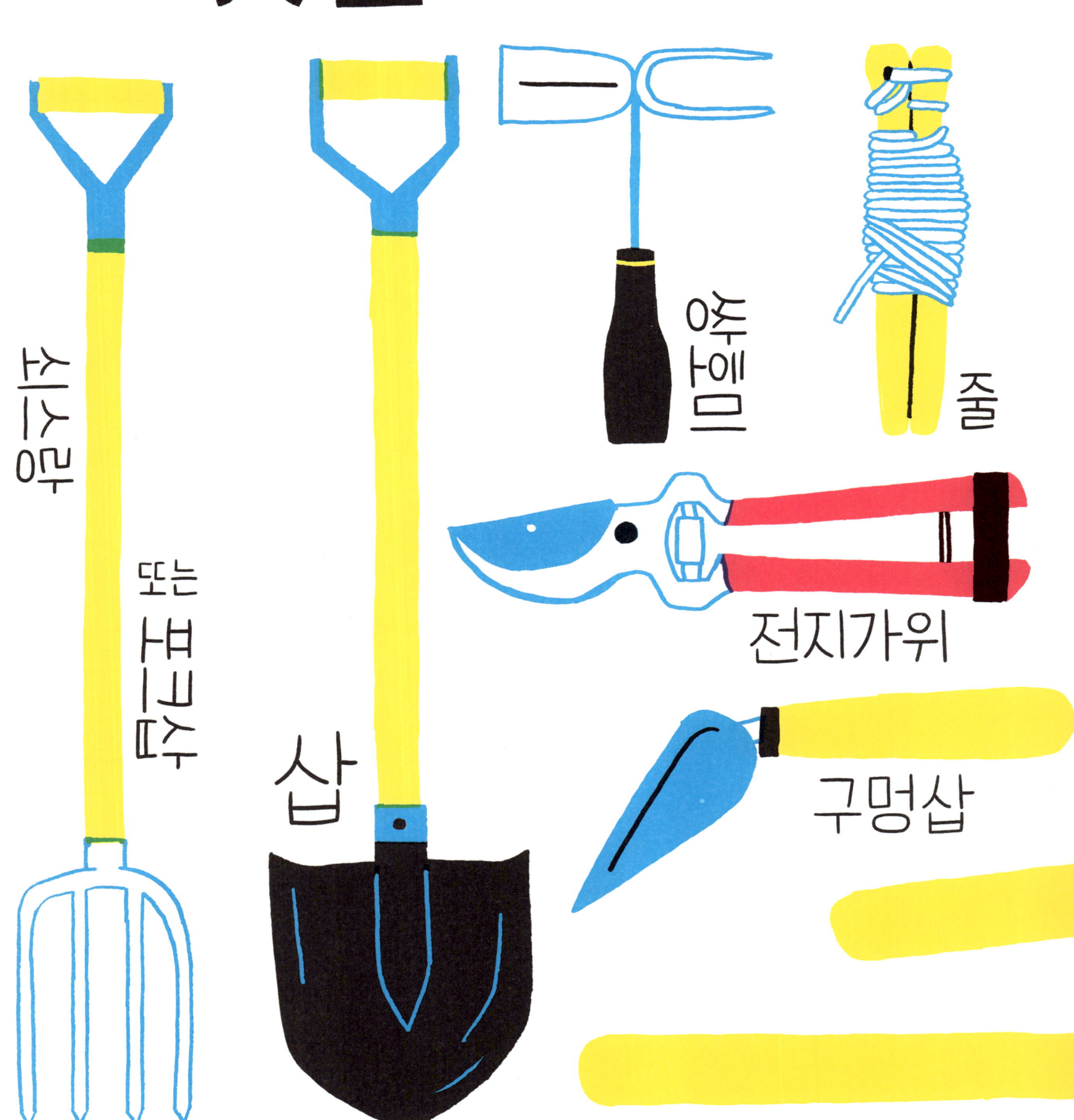

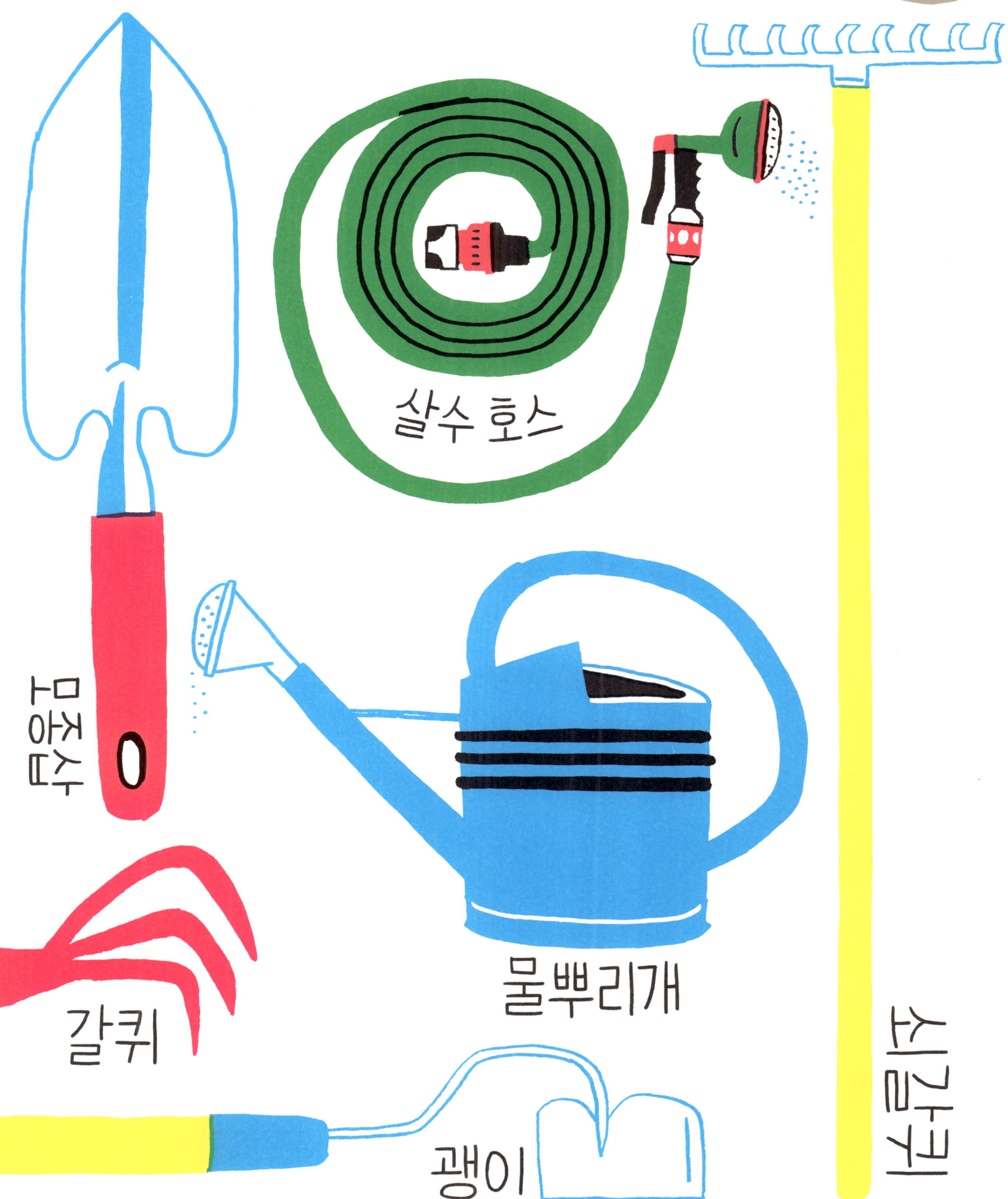